FRED SCHYWEK

FELSENLEITER

FRED SCHYWEK

FELSENLEITER

Gedichte (2000-2003)

world internet books

Duisburg am Rhein

Herstellung und Verlag:
Books on Demand GmbH, Norderstedt
ISBN 978-3-8391-7988-8

Der sanfte Wind gewinnt
Deutsches Sprichwort

FRED SCHYWEK
FELSENLEITER
Gedichte (2000-2003)

Stimmung

*niederländische Originalversion als Lied

Die Felsenleiter

**englische Version im Anhang

Bald

Anhang

Stimmung

es wird licht

ein lichter Wald
eine Röhre mit Abstand

von Wand zu Wand
von Baum zu Baum

in dieser Nacht
ist alles möglich

Oh.
es wird licht hier.

Sonett Eins

Mein Leben ist hell
im untren Bereich
wo Mensch und Katz
sich trifft
wo das große Tor
wo Welten aufeinander
prallen
wo das All
den Kater hat
wo Fuchs und Hase
sich sagen in des Mondes Phase
eine Gute Nacht

Mein Leben in Kling und im Klang
sich singen mein Leben ist hell

Sonett Zwei

Es ist die Stille
nicht der Wille
die die Reime bricht
dir die Wahrheit spricht
auf nacktem elfen silber

und drei und eine Uhr
die brauchst du nicht
das klangen Muster
Ewigkeit verspricht auf
weiß Papier mit schwarzer Schrift

des Kosmos Lieder fliegen
weit und breit
und nicht dein Wille
es ist die Stille

Auf Wiedersehen Guter Himmel

noch warst du purpur Rot
noch tropfte Blut aus deinen Wolkenlöchern
noch sticht der Kran in deinen Leib
du Himmel himmlisch Kind

auf welchem Brett wirst du
zerlegt in Wolkenlöchern

auf was beziehn sich deine Wasser
die sind so

schmutzig von der Erden
Sauberkeit und wo ist das Geheimnis
das du mir damals so versprachst

auf tiefer duftend Wies
am Stengel gekaut
und Bilder gesehen in den Wolken

Grünes Glühen
(Sauflappens Traum)

durch die Trübnis, durch das Trugbild von vergangen Zeiten
Wanderer, siehst du die Sterne über weiter See,
sie sind so, sie …
siehst du das Licht, ermißt du das Licht
von plötzlichem Nebelgeschleier
so leicht wie die Frau die die Wolken küßt

siehmal der Hafen von Grunnen,
fliegend Holländer Land
siehe die Türme im Sturme am Rande der Nacht
fliegen wilde Hexen übern Gänsedeich
mit schrillem geilem Ruf
adieu mein Mädchen, adieu mein' Katrien,
so schenk mir noch dein wunderschönstes Band

für den Schnee, für das Möwen-ABC,
für das allerletzte Beben
höre, höre den Toten, den Toten
sie tanzen auf brennendem Gras
erzählen Geschichten von Liebesgeschichten, von Lieben aus
dem längst getrunken Glas
erzählen Geschichten über die See, erzählen dir
eine kleine Ewigkeit, adieu

groene gloed
(drinkebroers droom)

Door de droefenis, door het drogbeeld van verleden tijd
wandelaar, zie je de sterren over de zee, zie, ze zijn zo…
zie je het licht, het licht van de plotselinge mist
zo licht als de vrouw die de wolken kust

Zie je de haven van Grunnen, t vliegende Hollander land
zie je de toren in de storm aan de rand van de nacht
vliegen wilde heksen over ganzendijk in een gillend gekke rit
vaarwel mijn meisje, vaarwel Katrien, schenk mij jou
allermooiste band

Voor de sneeuw, voor de meeuw, voor het allerlaatste beven
luister naar de doden, de doden ze dansen in het brandend gras
vertellen verhalen van liefdes, van liefde uit een lang
gedronken glas
vertellen verhalen over de zee, vertellen een eeuw van leven,
vaarwel

Refrain
zie de sterren
in de groene gloed
voel mijn hartslag en t vurig bloed
voel je de zee in de branding slaan
dromen die zingend ten onder gaan

Gott ist schwarz
(Erinnerung an Nelly Sachs)

Das ist ein rechter Todestanz
gar ach und krach
und durch das Jahr der Strafe
das da ist am Horizont
mit seinen harten Bergen
und dem Wasser
aus dem Salz geweinter Tränen
dieser Nächte
auf der Fähre über Schwarzen Ozean
über den schwarzen Fluß
in die Burg wo Liebe war
in der Nacht zwischen den Steinen
dunklen Diamanten gleich doch glänzten sie
in dieser Nacht
wo ich meine Liebste ließ
wo ich ging
hinan um sie zu küssen
auf die Stirn
bei Nacht in dieser Nacht
erwachend aus dem
weißen Traum
des Jahres 1

Sing

Die Seele geht
der Leib der bleibt
Entrückung kommt
sing sing, du King
von Blut von
äth'risch' Glut
du King du sing
der Wind der weht
der Schnee der geht
du sing du King
auf Horizonten
mit neuem Winter
Mantel bau dein
Schiff die Jungs
vom Leib der bleibt
die Seele baut
ein Schiff für
dich und deine Frau
und dein Fahr Rad
frag mal die Jungs
ob du den Sattel
brauchst zum tauchen
gerade jetzt wo
die Post Karte
singt du King

Klang

mit Ohrn das Horn
Kapellen spieln
fünfmal so lang
das Echo
zur Verteidigung
mit Ankunftszeit
vom Klang
Pro Gramm
im Hohen Nord'

Leerer Tag

Schneeflocken
auf Felsen
tun sie
ihr Werk
weise und weiß
und schmilzen
in unserer Hitze
Jeannine du
kleine Hure
aus Oberhausen

Die Felsenleiter

Die ewige See

Die Seele
allein auf
weiten Horizonten
so weit geht
meine Liebe
Marsmenschen landen
traurig und scharf
mit rostroten Segeln
und schwarzem Mast
über dunklen unbekannten
Wassern vom Ozean
zwischen mir und tot
liegt eine dünne Feder
und zwei Hohe Augen
Monster erklären
die Geschichten
verschluckt im Krug
die ewige Frau
oh du sailor
dell the truth
Spiegel dich
Fliegender Kapitän
vom Deck
Scheiß auf Wind
Fluch es weg
Laß' uns segeln
bis zum Ende der Tage
ohne je zu sterben

Elektroschock

das freiangebot baut
sich nicht auf nur die
fast schwarze home-
page, bei Klicken auf
free, gelb unterstrichen
bleibt der Pfad stehen

JESS ES

Du sollst nicht töten
Du
Du
Du
Du
Du
Du
Du
Du
Du

Brennender Turm

der Turm der brennt
der von down town
keine Taxis mehr kriegt

es ist ein Flugzeug
in der Vergangenheit
es ist ein Zweites

mit schwarzen Tasten
und weißen tiefen
Tönen als Steine
die aus deinen
Herzen und ich
werde dein Hüter
sein auf deinem Weg
ein Jahr danach
der Teufel lebt

Lied der Feuerleute
(11.9. 2002 in Erinnerung)

Feuerleute höher als erlaubt
und dann war Zeit zu stoppen

das war das letzte Mal
daß sie sich trafen

aber die Bilder sind klar
eine zweite Flugzeit traf den Süd-Turm

das Feuer kann nicht geschlagen werden
Turm Zwei kollabiert.

der Frachtzug kam durch die Straße
Alarm, evakuiert

dadrüber
Radio … Transmissions-Probleme
Wunderbarerweise retten sie Chaplin
kurz bevor der Turm kam

Radio-Verkehr
stoppte mit weißem Helm

Wir werden sie finden
Helme mit 34 drauf

Josef, der Pfeifer, sagte
das ein Jahr zurück
Sie verloren 5
in diesem Turm
fünf aus unsrem Feuerhaus

Nur Gott weiß warum
Punkt Danke Dir

ein paar Blocks
von Ground Zero
und wir weinen am Kreis

1 Minute Stille

Amsterdam

Darkroom Amsterdam, darkroom R'dam und so weiter
Und so fort: Sie hatten die Auswahl, der politische
Leiter und sein Marokkanerjunge Achmed. Pfeifen
und fingern waren mit im Champagner drin.

Der gewichtige Dichter sagte im Privatfernsehen
daß er Talent gehabt habe, der tote Goethe-Freund
aus Amsterdam. Herztod mit 53 ein
Jim Morrison des Fernsehzeitalters früh
gestorben, das Herz war es, der Schmerz war
zu stark. Zu einsam

waren die Nächte in Amsterdam
die kurzen Brände der Boote
um halb vier am Morgen
       so spät
         so kalt
           war die Nacht.

Die Felsenleiter
(ein Herbstgedicht)

Ich war mal auf einer Wiese
rot blutend
vom Himmel
Hunde suchen teuflisch
Tropfen sandig
nichtig Wort
läuft
die Sonne

Interpretationen
alter Bilder
ihre letzte Beute
rote gaben
gab der Tod

Ich war mal auf einer Blume
stinkend
Moose
felsen
rauf
und
runter
Nord
und
Süd
See
Mann

Blumen weinen zum Stell
dich ein
denken
an den Sand
der letzten Worte

stinkend
Arsch
Loch
dieser Poesie
auf scharfem Degen
Linsen fressend

das Signal
zum letzten Kampf
jetzt ist Schweigen
auf der Mauer
und das Haupt gesenkt
im kriechenden Aroma
und die Planken klatschen
auf den Stein

dann das Nichtseinkinderschrei'n
doch die Möwen sie sind schlafen
in der Nordsee
dritter Akt
des Schweigens
Stühlerücken auf dem Boot
mit krachend Mast
was ist der Motor

dieses Bildes
Nochmal Martyrium
nochmal das Leid
stabil wie Flut
wie Schönheit
er ist da
nicht weg
denk vertikal
hier warte
hier finde
hier lache
da kleiner Stuhl
gestern wußten wir
noch seine Nummer

Du weißt
er wird dir nie
was Schlechtes tun
ein Pferd ist Pferd
wollen ist wollen
auch die Leute wissen
das du August
festgemacht an der Tapete
komplett frenetisch
ist dieses Ex
ist dieses Abenteuer
von Abend zu Abend

Der Schlag dauert
dreißig Minuten
Lachen sie mal
sie Idiot in Scherben
das ist kalt
das knipst
das mußt du machen
du und deine Nummer
du und dein
      schwarzer Hund.
kann man sich
jetzt noch dran erinnern
Auge in Auge
ein Flüstern
   von vor vor
gestern als der Herbsten
Rote Blätter tanzte
Wein ist gut nicht immer so
rot
aus
deiner Lippen Traurigkeit
im Keller der Trauer
das ist genug du voyeur
das kennst du
  er selbst
   hat es gesagt

Berge hinter der Biegung

(Schrei Zwei 231202, f. Joe Strummer)

mach eine Runde durch die Straße
beinahe überall werden Häuser zerstört
bei jeder Brücke ein Sprengsatz
nun siebzig Prozent Wüsten
Sonnenschein
das Problem erfährt jeder
rock die kaspa schmoil oil
du Löwenherz
du Fluchtpunkt der Welle
was kann er
haben was er
nicht kennt
avec la, la, la

Dritter Raum

Zum Fuße
der Felsenleiter
zum Gruße
der toten Götter
die in Stein
mit Meißel
und ohne Auge
und ohne Licht

der dritte Raum
das dritte Seite
all der Kriege
ein Lieben mögen Vergangenheit
aus Blasebalg aus Horizont
aus goldgelb Duft
aus fremden Sprachen
Gesänge von Wäldern
die längst im Rauch
der Sümpfe der Körper
Felsen, Felsen sing dein Lied
höre, höre, was ich dir zu sagen hab'

mit eigner Feder
flieg, das ist nicht vierundzwanzig
das ist das Mond
das Auge Herr
Freund Sein

er nimmt er kommt ich bieg
im Flug durch das Geheimnis
zahl' zurück was weh mir tut
mein Freund mein Herr
am Donnerstag war Hoffnung
in Paris mit allen Waffen
der Punkt auf Frau
auf Wissen von alledem
am Abend am Felsen
am Morgen am Bach

Felsenleiter am Fuß
ein letzter lieber Gruß
vor dem Flug
es war Antoinette das Biest
ich bereue nichts

Schlingernde Lichter

Sei kreisend
sei Pegasus
sei außerhalb

mit großer Geschwindigkeit
mit Windigkeit
seiner Eindeutigkeit

nicht sichtbar
doch erst
was neues entdecken
das in seiner Welt
Leben existiert
ist wahrscheinlich
mit dem gelben Schein
verdeckt doch die Wahrheit
und treibt danach ins
eisige Alle

Weingesang am Feuer
Blues for an American Boy
(Americana 16012003)

Ich weine um dich
kleiner Negerjunge
Papa aus der Reserve
geht in die Wüste
ins Giftgas
in brennende Ölfelder

er muß töten
kleine Kinder wie du
sind freundliches Feuer

ich weine um die Kinder
die versklavt in arabischen Harems sitzen
den Türkenjungen in Side
der mir meine blue suedes putzen
wollte mit zerfetztem Gesicht

setzen wir uns
ans Feuer
und töten das Monster

ich weine um dich
kleiner Mensch

Umarmung einer kleinen Wolke
(Busch brenn')

Tanze, tanze tanz mit mir
wie Poesie die gerade nun versonnen
die Sonne weint hör mal und schwör
wie das besoffene Nichts
du, du Hafen von singend Fisch
mit Akkordeon und dem Gestografen
feiern das Wiedersehen mit dem Schlage des Verlorenen
Sterns der Frauen glüht die Scheiße
als Auge des Hasen der gerade dem Mähdrescher
entkommen

verlaß' mich nicht du kleine Wolke
verlaß' das Vergessen
vergiß' die Stunde dieses Glückes
ich gab dir das Vergessen du kleine Wolke
gab dir das kleine Licht
der kleinen Geschichte
des Erzählens vom Weinen
vom Singen des letzten Cs der Apokalypse
die letzten Sterbelichter
die schwarzen Bilder der Dichter

was den jetzt das Paradies oder ein schmutziger Tropfen
auf dem Dach des Jets

sie sahen immer nur Vulkan
sahen nur die Nordsee im Frühling
die nordische Flut mit seinen grauen Nebeln
zerstäubt in diesen grauen Nebeln
auf Dächern, glatten Straßen Menschen Zwergen
die flache Luft der Höhe
vergiß' den Nordwind, vergiß das Krachen
der Krähen in Pferden Maul
sein Frühling war ein Sonnenlicht
im Südlichen Wind auf flachem Land
nutzlos wie die Nacht
nutzlos wie die Höchste Macht

Honig fließt auf glänzend Salz und Brot
der Luxus schreit im Rex Club
mit gummivoll von Todesstank

ich bet zum heilgen Gottessohn
der sich im Kreise dreht
um diesen Affen Brot Baum
Vorstadt wo sind die Rechte des Menschen
sie schweben im Jet Lag
sie sind gegessen im Äther der schmutzigen Erde
mea culpa bete bete bete für das Leben
laß' den Chor der Engel los
zerbrich den Zaun
sprenge diese Kolonie
mit höchster Stimmen Kraft
asta la vista meine Liebe

die Sterne liegen in den Dünen
fressen armer Leute Lebenskraft
saugen Kindern Alten weg den letzten Saft
als Henkers Hilfe dient dann hier das Zahlen Werk
das keiner will nur die Adepten
des letzten Tags

dieser Macht die jeden Tag
die neue Haut dir pellen will
du du böser Junge
aus der Vorstadt
kleine Wolke
kleine Sonne
böses Mädchen
mit Pickel und dem zerfetzten Kleid
dein heillos' Wissen
gibst du nicht preis
in elektrischer Folter
dein Regen fellt
dir dein Pelz vom Poko moko Mond
das bar Geschreibsel la la la
du Kerkernacht mit Mikrophon
schalom du blutige Taube
auf feuchter Wolke
ruhst du ohne Bein
beim König des Kosmos
die sie warten auf euch
zu ner Tasse Kaffee Duft
wenn wir beisammen sind

in dunklen Tinten schwelgen
Sterbelichter malen
du die liebste Wolke mir entrissen
vom dampfend Feld des Schnees
im Kerne einer Eichel

schnief snuff Komposition von Bärten
ohne Kopf Armee der Füller Fleck
ein Maximum von Wolken Tod

Bald

Bald
(Düsseldorf, die Nacht, April)

bald fällt der Regen auf den Stein
das Warten wagt ein letztes Wort
all die ich kannte die sind tot
bald laß' ich dich nicht mehr allein

bald singt der Rhein sein letztes Lied
in Düsseldorf am letzten Tag
Ich fühl es das Herz wird matt und schwach
die Ruferin steht flammend da im Rosen Kleid

bald ist die letzte Träne dir geweint
die Schwalbe und die andren Vögel
und ihr Wind steht da in voller Blütenpracht
das ist der letzte Gast mit Hoffnung
im letzten Licht lös' dich auf im Tanz

bald ist der Tag zu Ende das Jahr
bald kommt der Atem der Nacht
so sing das letzte Halle Lu Lia
der letzten Nacht am letzten lacht
die Nachtigall am Rhein im vollen Mond

Genese

was hat mir die Religion gegeben
du sollst nicht töten
was die Philosophie
der Mensch ist Maß
was gebe ich
mir selbst
alle Freiheit

was hat mir der Vogel genommen
schlafen sie eigentlich in den Wintern
auf Träumen
vom Mond
und den Sternen
auf Licht
und im Kranz
deiner Sinne
die Vögel
im Winter
singen sie
die Vögel bei dir auf dem Ast

Anhang
Zu den Liedern,
Anmerkungen, zum Theater und zur Zukunft

Nobel, Preis
(für Zola, der erste, der ihn nicht bekam)

Dynamit-Fischer in
Griechenland wollt ich
werden, doch ein Stein
kam dazwischen,
so ging ich weg
und kam nie wieder,
Sunshine-Day, olé

BOY INSIDE
(Lament at the fire)

I cry for you
little black boy
daddy from the reserve
is going to the desert
is going to the poison gas
is entering the burning fields of oil

he must kill
little children like you
are friendly fire

I cry for the children
(who are) enslaved in Arab harems
for the boy inside
with his tortured face
who wanted to shine my blue suede shoes

(let's) sit down
in front of the fire
and kill the monster

I cry for you
U little man

48

Klink's swaarte vrijdag

botten vlaigen over ganzendiek
vrijmoakt deur klaai en wotter

leven vraauwlu nait
klink
klink
klink

hai mot hangen
de gier
oet Oafrikò
ver achter Schans

nait schraiven
mit heur gaait t goud
mit klink gaait t slecht

trek t hom,
klink,
t vel
over de kop
zien schedel omhoog op n toorn

opdat hai zugt
nou aal
in zien aigen hel

Bibliothek der Flammen

erste Mühle Wirklichkeit
all Zeit und zum Sprung bereit
die Beine auf dem Strich
sonst ist die Sonne scheint sie nicht

auf deinem Pflaster
unter dem Stein und dem Wasser
tausendfach Reflexe im Augen Licht
das letzte Laster behalt was ist

Zweite Mühle Phönix Art
Verschwinden und Wieder Auftauchen
ankommen doch ohne Start
das ist die holde Art der Musen
aus den Wogen reich bespritzt

Mit Aufgaben und weißen Fahnen für die Lahmen
das ist durch nichts gegründet außer dem Leben
die Sinne machen oft nicht Sinn
über Tür wo man nicht schwören muß

An Toren wo keiner aufgibt
schon gar nicht sie
die Liebessucher und Sinnfinder
dreht sich alles doch ums Logo

ANMERKUNGEN ZU FELSENLEITER,
den Gedichten und zu den Liedern

1 *Grünes Glühen* gehörte in seiner niederländischen Originalform (Lieben Dank an Tréés) zu den zehn besten Liedern beim *Gouden Pijpe*-Liedtextwettbewerb (Groningen) des Jahres 2001. Die Liedform steht in der Tradition des *Niederrheinischen Totentanzes*.

2 *Gott ist schwarz* geschrieben und vorgetragen in der Bibliothek Groningen anläßlich des 110. Geburtstages der deutschen Dichterin Nelly Sachs.

3 *Klang*: geschrieben am 10. September 2001.

4 *Das Lied der Feuerleute* geschrieben am 11. September 2002.

5 *Amsterdam*. Text zum Tode des Literaturkenners Boudewijn Büch .

6 *Berge hinter der Biegung*. Gedenkgedicht für Joe Strummer, zuerst veröffentlicht in SPEX-online (Köln).

7 *Weingesang am Feuer* (*BOY INSIDE*) Erstveröffentlichung in der Neuen Rhein/Ruhr Zeitung (NRZ, Niederrhein) im April 2003, gewidmet an James Baldwin, B.B. King und jedem unschuldigen Toten im Irak; übersetzt ins Englisch von *Maxim de Winter (freie Liedübersetzung)*.

8 *Umarmung einer kleinen Wolke*. Ein Anti-Kriegsgedicht; erstmals vorgetragen im Duisburger *Hundertmeister* und im *Prinsentheater Groningen* anläßlich der Präsentation der nord-niederländischen Literaturzeitschrift NOACHS KAT (Nr.11) im November 2003.

9 *Bald*: Erstveröffentlichung in der Westdeutschen Zeitung online (Düsseldorf) im Mai 2003.

10 *Nobel, Preis* aus einer Briefkarte an Günter Grass (Groningen nach Lübeck 1999)

11 *Klinks Schwarzer Freitag*: Chorgesang der Schädel; aus dem Theaterstück *Holland im Krieg* (Gronings) Übersetzung: YUR .

12 *Bibliothek der Flammen* sind die ersten beiden *mühlenabschiede* in der TRILOGIE DES FEUERS, der Beginn eines zukünftigen Gedichtbandes.

Biographie

Fred Schywek (*1960 in Kamp-Lintfort)

Der Niederrheiner studierte in den 80er-Jahren in Essen Germanistik, Anglistik und Philosophie .

Er ist Mitbegründer des *Groninger Schrijverslexicon* (Schreiberlexikon, Groningen 2000/1), des Buches mit einem europäischen Konzept zu allen bekannten Dichtern im Norden der Niederlande.

Seine Reisen brachten ihn nach Japan, in die USA (Chikago) und in viele Städte und Landschaften Europas.

Das Buch Felsenleiter (GEDICHTE) entstand in den ersten Jahren dieses Jahrhunderts (2000-2003). Es ist geprägt von Ahnungen und Schreckensbeschreibungen des Krieges und der Gewalt, doch hinter weiten lyrischen Schneefeldern sind auch stille Momente von Kontemplation und Liebe zu entdecken.

*

Bibliographie

Daidalos (Epyllion, Essen 1993)

Kalte Stadt und alte Lyrik
Gesammelte Gedichte 1990-1999 (Duisburg/Rhein 2000)

Neun Momente
Gesammelte Gedichte 2000-2009 (Duisburg/Rhein 2010)

*